BOOKS on DEMAND

Liebe Leserinnen, liebe Leser,

die Wirtschaft hat ihre lichten und ihre dunklen Seiten. Ohne Unternehmertum gäbe es keine Arbeitsplätze, den Unternehmer fördern Innovationen, die uns den Alltag erleichtern. Ohne Menschen mit Visionen gäbe es nicht diese Vielfalt an Produkten, die uns täglich erfreuen. Ebensolche Vielfalt gibt es auch zum Thema Wirtschaft, die ich mit diesem Gedichtband aufs Korn genommen habe. Sie finden dort lustige aber auch nachdenkliche Gedichte rund um die Wirtschaft.

Ich wünsche wieder allen Lesern viel Freude damit!

Ihre

Heike Boeke

Heike Boeke

Wirtschaftsbegriffe einmal anders

Bibliografische Information der Deutschen Nationalbibliothek:
Die Deutsche Nationalbibliothek verzeichnet diese Publikation in der Deutschen Nationalbibliografie; detaillierte bibliografische Daten sind im Internet über http://dnb.dnb.de abrufbar.

Illustration: **Heike Boeke**

Herstellung und Verlag: BoD – Books on Demand, Norderstedt

ISBN: 9-783750429543

Die Einflussnahme ist ihr Hobby,
daher man nennt sie auch die Lobby.

Ihr Ziel ist es, Gewinn zu machen,
und Diskussionen zu entfachen.

So manch bekannt Gesicht man sieht,
das singt das Lobbyisten Lied.

Ganz offen und auch unverhohlen,
so manches Ding wird da empfohlen.

Es nutzt nur ihm und das sehr viel,
und dient nur seinem eignen Ziel.

So stopf die Ohren dir schnell zu,
und die Sirenen geben Ruh.

Ihr lockend Ruf meist schnell verhallt,
und manches Lied lässt dich dann kalt.

Ganz ohne sie, da geht es nicht,
wenn überall ist aus das Licht.

Gewinn muss sein, das ist wohl wahr,
doch viel zu viel birgt auch Gefahr.

Da werden Menschen ausgenommen,
und Recht, das sieht man nur verschwommen.

Getötet wird aus reiner Gier,
Natur, der Mensch und auch das Tier.

Drum Wirtschaft, sie ist gut nur dann,
wenn jeder davon leben kann.

Wenn niemand leidet unter ihr,
und nicht das ICH zählt, sondern WIR.

Banken

Das Geld war früher so viel wert,
bevor es Bankencrash verzehrt.

Jetzt sparen wir uns fast zu Tode,
und Zinstief ist noch lange Mode.

So büßen wir die Gier nach mehr,
zu Sparern ist man nicht mehr fair.

Aufschwung

Die Zeichen stehen gut im Land,
die Wirtschaft wächst, wie nie gekannt.

Der Dax schießt durch die Decke schon,
er stößt den Bär von seinem Thron.

Der Stier schon nach den Sternen greift,
es schon von allen Dächern pfeift.

Doch, wenn der Bär die Tatze hebt,
der Aufschwung schnell von dannen schwebt.

Man konsumiert so fröhlich hin,
und fragt nicht wirklich nach dem Sinn.

Die Wirtschaft wächst und das ist wichtig,
doch was sie tut, ist oft nicht richtig.

In Masse wird nur produziert,
weil immer mehr nach Marktmacht giert.

Wie Krake greift nach immer mehr,
ihr zu entkommen ist sehr schwer.

Die Qualität ist ihr meist schnuppe,
sie denkt nur bis zur nächsten Kuppe.

Was man nicht will, das schmeißt man weg,
erfüllt hat es nur kurz den Zweck.

So richten wir Natur zugrunde,
für die schlägt bald die letzte Stunde.

Am Ende fragt man sich sodann,
warum verzichten man nicht kann!

Gespart wird oft am Personal,
es scheint, man oft keine Wahl.

Doch schaut man mal genauer hin,
ergibt es oftmals wenig Sinn.

Die Technik mag zwar schneller sein,
zumal dort passt ganz viel hinein.

Doch kann sie auch ganz schnell verrecken,
wenn Virenstämme in ihr stecken.

Dann steht der Laden still und leer,
und Personal zu finden, das ist schwer.

Drum lieber Wirtschaftsboss bedenk,
das Personal ist ein Geschenk.

Das Brutto, dass das Land geschafft,
das hat nicht unbedingt viel Kraft.

Denn, wenn man Kosten nun abzieht,
ganz schnell dann das Gesicht verzieht.

Den Schaden, den das Brutto macht,
ins Minus hat das Land gebracht.

Verursacht durch so manch Produkt,
das erst einmal viel Geld gedruckt.

Denn schaut man mal genauer hin,
ergibt so manch Produkt kein Sinn.

Es hat verschmutzt den Erdenball,
bracht manches Ziel sogar zu Fall.

Hat beigetragen auch zum Krieg,
und manch Despoten gar zum Sieg.

Krank gemacht den Menschen auch,
als gelangt es in den Bauch.

Das Brutto daher schau dir an,
manches Mal dir's schaden kann.

Sie fahrn mit dicken Wagen rum,
die andren schaffen sich drum krumm.

In Glaspalästen sitzen sie,
den Boden sehen sie meist nie.

In ganz andren Sphären schweben,
wie die Mad' im Speck sie leben.

Sitzen selbstverliebt herum,
halten andre stets für dumm.

Wirtschaftsbosse leben lange,
daher wird mir angst und bange.

Engerlinge sind sie – fett,
die gefüttert nur mit Mett.

Die zerstören andrer Leben,
weil sie an dem Geld nur kleben.

Zukunft ihnen ist egal,
dass man hat auch eine Wahl,
dass das Leben bietet mehr,
das zu denken fällt so schwer.

Nutzen könn sie ihre Macht,
das die Erde wieder lacht.

Erstreben nur das Maximum,
das ist mitunter doch auch dumm.

Denn, wenn ein jeder das erstrebt,
bald niemand mehr hier überlebt.

Denn, endlich ist so manches Ding,
und daher auch zu Ende ging.

Auch der Planet, auf dem wir leben,
auf dem nach mehr wir ständig streben,
er hat unendlich Kraft wohl nicht,
ein Ende ist auch hier in Sicht.

Drum streb nicht nur nach Maximum,
denn das zu wollen ist halt dumm.

Man sagt, man hat es in der Hand,
gerad, wenn man lebt in unsrem Land.

Wo jeder doch ne Arbeit hat,
und alle Leute werden satt.

Doch, wenn man mal dahinter schaut,
es einem auch so manchmal graut.

Nicht überall der Lohn ist gleich,
und manche Menschen sind sehr reich.

Gerechtigkeit man findet nicht,
wo Wirtschaft zeigt ihr wahr' Gesicht.

Da werden Menschen ausgenommen,
und manches Hab und Gut genommen.

Bezahlbar ist fast gar nichts mehr,
ne Wohnung finden, das ist schwer.

Das Wasser bis zum Halse steht,
und oft vor Kummer man vergeht.

Nicht jeder daher glücklich ist,
Gerechtigkeit man oft vermisst.

Manch Arbeitsplatz schafft man damit,
denn Waffen sind der größte Hit.

Doch dort, wo sie gebaut sehr oft,
man stets nur auf den Frieden hofft.

Was geht uns an welch Krieg geführt,
den unsere Waffen mit geschürt?

Was geht uns an das viele Morden,
das ausgelöst durch wilde Horden?

Nur schützen sollten unsre Waffen,
vor manchem wild geword'nen Affen.

Gewissen hat die Wirtschaft nicht,
hier zeigt sie jetzt ihr wahr' Gesicht.

Verkauft wird alles, was schnell tötet,
vor Scham man nicht einmal errötet.

Gewissenlos wird produziert,
was anderswo nur Leid gebiert.

Manch Arbeitsplatz schafft man damit,
denn Waffen sind der größte Hit.

Mit Autos schafft man Arbeitsplätze!
Wie oft hört man doch diese Sätze.

Mobil sein, das ist heute wichtig,
ein Auto haben, das ist richtig.

Doch nutzt es was, wenn stehst im Stau,
weil du gefahren, wie ne Sau?

Doch nutzt es was, wenn wir ersticken,
und Klimauhren lauthals ticken?

Wenn alles asphaltiert und tot,
und ständig eine Ampel rot?

Es nutzt allein nur dem Profit,
der leise singt sein Lieblingslied.

"Es klimpert laut in meiner Tasche,
und täglich mach ich mehr an Asche !„

Touristen lieben Land und Meer,
wenn auch dorthin zu kommen schwer.

Doch gibt es ganz viel schlaue Leute,
für die Tourist, ist fette Beute.

In Ländern, wo sonst nichts zu finden,
die Ureinwohner sich nur schinden.

Wo einst ein echtes Paradies,
Hotels sie flink dort bauen ließ.

Wo seltne Tiere glücklich leben,
die Jumbos nun vom Himmel schweben.

Wo's Reichtum gab in der Natur,
dort führt nun hin ne Asphaltspur.

Tourist sieht nur noch wüstes Land,
wo einst Juwel sich doch befand.

Die Branche jedoch klatscht und lacht,
gewonnen wurde diese Schlacht.

Und, wenn dann dieses Land versaut,
man schnell nach neuen Ufern schaut.

So zieht man um die ganze Welt,
nach Glücksmomenten Ausschau hält.

Doch am Ende stellt man fest,
zu Haus sich's besser leben lässt.

So manche Frucht wird ruiniert,
denn Industrie ist ungeniert.

Mit Farbe wird gepanscht gar sehr,
damit die Kinder wollen mehr.

Geschmacksverstärker überall,
damit es schmeckt auf jeden Fall.

In Fett getränkt und tot gespritzt,
zudem noch Ultra-stark erhitzt.

Die Vitamine, die sind fort,
geflohen an nen andren Ort.

Zurück es bleiben Späne nur,
und, dass die Menschen gehn zur Kur.

Denn Solcherlei ist nicht gesund,
da kommt man eben auf den Hund.

Kaufkraft

Die Kaufkraft von uns allen,
die sinkt, wenn Löhne fallen.

Auch, wenn die Preise steigen,
und Zinsen steil nach unten zeigen.

Da hat man dann so gar nicht Lust,
beim Einkauf hat man eher Frust.

Doch soll die Kaufkraft steigen,
der Lohn, er muss nach oben zeigen.

Digital

Digital soll sein mein Leben,
digital soll sein mein Streben.

Digital, wohin ich schau,
wenn's versteht auch keine Sau.

Digital macht alles leichter,
und das Leben wird noch seichter.

Digital, das ist modern,
manchmal aber auch sehr fern.

Hinaus zum Einkauf braucht man nicht,
denn Online-Kauf ist ein Gedicht.

Die Wirtschaft sich was ausgedacht,
den Einkauf es uns leichter macht.

Ratenzahlung gibt's dazu,
ausprobieren auch in Ruh.

Geld rinnt durch die Hände schnell,
Überzeugungsstimmen grell.

Ach, wie günstig, schön und toll,
Warenkorb ist ganz schnell voll.

Achtung, lass dich nicht verführen,
und den Einkaufswahn noch schüren.

Die Segel hängen schlaff im Wind,
und nirgendwo ein Lüftchen find.

Verzweifelt in den Himmel schau,
doch Himmelfarbe, die ist grau.

Zu rudern hat auch keinen Zweck,
und Panik, die herrscht jetzt an Deck.

Die Mannschaft streitet nun recht laut,
ein jeder auf den andren schaut.

Versucht wird nun das Schiff zu wenden,
und Notsignale auszusenden.

Da plötzlich kommt ein Dampfer an,
der schleppt flink ab den lahmen Kahn.

Jetzt prall sich bläht das Segel auf,
und Schiff stampft Wellenberg hinauf.

Imperial kommt es daher,
Gewicht hat es und ist recht schwer.

Gekauft, geschluckt und platt gemacht,
Imperium wuchs über Nacht.

Macht und Einfluss immer mehr,
daran vorbeizukommen schwer.

Es kann bestimmen jetzt wohin,
auch, wenn der Weg hat keinen Sinn.

Konkurrenz, die gibt's nicht mehr,
Imperium ist niemals fair.

Drum gib ihm nicht zu viel an Macht,
denn bald darauf ist Schicht im Schacht.

Das Geld mir durch die Hände fließt,
weil Preis nur in die Höhe schießt.

In meinem Korb ein Häufchen liegt,
das gerade mal ein Kilo wiegt.

Der Monat ist erst halb vorbei,
und Kontostand steht auf halb drei.

"Wie soll ich das denn noch bezahlen?„
das frag ich bei den nächsten Wahlen.

Die Wirtschaft brummt, doch ich hab nix,
weil Geldentwertung, die ist fix.

Krise schüttelt dieses Land,
rote Zahlen, nie gekannt.

Alles außer Rand und Band,
Lösungen man schwer nur fand.

Gerafft wird viel zu viel an Geld,
die Wirtschaft jetzt die Luft anhält.

Der Konsument will auch nicht mehr,
denn Geld ausgeben, das fällt schwer.

Gepokert hoch, das Geld verzockt,
dort, wo Gewinn hat uns verlockt.

Hausgemacht ward diese Krise,
weil man wittert frische Brise.

Doch was lehrt uns das ihr Leut?
Zuviel Geld dient nicht zur Freud.

Weisheit leitet sie durchs Jahr,
schauen, was das so geschah.

Überprüfen, rechnen, checken,
wo die Wirtschaft hat noch Ecken.

Schlafft sie ab und ist bald tot,
am Horizont noch Morgenrot?

Ist der Motor heiß gelaufen,
und die Wirtschaft muss verschnaufen?

Bricht ne Wirtschaftskrise an,
aus der man sich noch retten kann?

Schauen in die Bücher weise.
Wohin führt uns diese Reise?

Sachverständig und gewichtig,
stellen Zeugnis sie uns aus.

Sagen uns, was jetzt noch wichtig,
und für manchen ist's ein Graus.

Will Vater Staat vielleicht was wissen,
ob er wohl wurde gar beschissen?

Erfahren darf er es meist nicht,
denn Bankgeheimnis man nicht bricht.

Da werden Steuern hinterzogen,
nach Strich und Faden auch betrogen.

Doch Vater Staat zieht dann die Keule,
und Bankgeheimnis kriegt ne Beule.

Denn wild treibt es die Oberschicht,
und dann das Bankgeheimnis bricht.

Schon im September Kassen klingen,
und viele Weihnachtsfreuden bringen.

Marzipan und Weihnachtsstollen,
dann in die Geschäfte rollen.

Überall da leuchtet's hell,
Wirtschaftsaugen leuchten grell.

Kurbelt an des Konsums Wahn,
Weihnachtsrausch bricht sich die Bahn.

Gefüllt am End sind falsche Taschen,
die Wirtschaft hat so ihre Maschen.

Maximalprinzip

Maximales will ich haben,
da halt ich es mit allen Schwaben.

Das meiste presse ich heraus,
Verschwendung, die ist mir ein Graus.

Denn Maximum ist meine Pflicht,
weil sonst verlier ich mein Gesicht.

An Maximum werd ich gemessen,
mein Chef ist darauf ganz versessen.

Drum hol ich alles raus, was geht,
auch, wenn man's manchmal nicht versteht.

Minimalprinzip

Nur minimal streng ich mich an,
wenn viel damit erreichen kann.

Denn Minimum ist angebracht,
wenn dann gewinnen kann die Schlacht.

Denn, wenn ich meine Kraft gar schone,
verdienen kann trotzdem ne Krone,
warum soll ich mich dann verrenken,
und minimal nicht auch mal denken?

Sozial soll Marktwirtschaft dann sein,
wenn Markt bestimmt nicht ganz allein.

Denn Wohlstand soll für alle gelten,
für die, die auf der Straße zelten.

Doch mischt der Staat sich zu sehr ein,
ist's für die Wirtschaft echte Pein.

Jedoch, wenn Löhne dazu führen,
dass sich verschließen Wohlstandstüren,
dann zeigt der Markt sein wahr' Gesicht,
und Staat genommen wird in Pflicht.

So kann die Wirtschaft nicht gelingen,
und Wohlstand nicht für alle bringen.

Abgehängt, allein gelassen,
während andre fröhlich prassen.

Marktwirtschaft, sie lebe lang,
mir wird's manchmal angst und bang.

Spiegelglas und Flaschenreihen,
aus dem Eck Besoff'ne schreien.

Schmeiß mal noch ne Runde Bier!
Uhr bereits zeigt schon halb vier.

Wirt schiebt Glas um Glas hinüber,
und die Augen werden trüber.

Köpfe auf den Tresen fallen,
überall nur noch ein Lallen.

Doch die Kasse, sie klingt hell,
Geld verdienen geht ganz schnell.

Denn, die Menschen saufen gern,
Sorgen sind dann bald ganz fern.

Im Magazin steht es geschrieben,
was Wirtschaftsbosse wieder trieben.

Wo angehäuft wurd viel Gewinn,
und hochgestreckt wird jetzt das Kinn.

Wo andre Leute ausgepresst,
und unsre Erde wurd gestresst.

Wo sitzt das große Kapital,
und hat gefressen alles kahl.

Dort brüstet sich das Nichtgewissen,
und finden tu ich das beschissen.

Kreischen, wie die Krähen laut:
„Was für Mist habt ihr gebaut!„

Wissen besser, wie es geht,
der Erfolgswind wieder weht.

Krempeln um und stellen Fragen,
Widerwort man kann kaum wagen.

Doch einzigartig ist nicht mehr,
und zu erkennen danach schwer.

Prozess ist nachher angepasst,
das Anderssein, es wird gehasst.

Die Krähen fliegen wieder fort,
und misten aus nen andren Ort.

Doch ob's so bleibt, man fragt sich bald,
Veränderung! schallt's durch den Wald.

Nach Krieg und Hass lag alles nieder.
Wie sollte man dort leben wieder?

Zerstört, vernichtet, platt gemacht,
und nirgendwo wurd mehr gelacht.

Am Boden lag die Wirtschaft nun,
obwohl es gab so viel zu tun.

Der Ami half, verlangte nix,
damit der Aufbau ging nun fix.

Der Bergbau und Stahlindustrie,
die produzierten wie noch nie.

Das Wirtschaftswunder, es war da,
und Arbeit gab es fern und nah.

Man konnt' sich wieder etwas leisten,
Gedanken um Konsum nun kreisten.

So war der Krieg alsbald vergessen,
weil auf noch mehr man war versessen.

Inzwischen jedoch sind wir satt,
und vom Kaufen auch recht matt.

Jetzt müssen wir ans Klima denken,
statt ständig uns nur was zu schenken.

Das Auto steht vor mir im Traum,
das Geld jedoch, das reicht mir kaum.

Doch will ich dieses Auto nur,
damit ich gehen kann auf Tour.

Mein Weib hält mich am Kragen fest,
denn das Budget nicht zu es lässt.

Zu knapp sind die Ressourcen ja,
das wird mir langsam auch ganz klar.

Jetzt plan ich effizienter dann,
und such, was ich mir leisten kann.

Ein Plan, der steht am Anfang fest,
Erfüllung jedoch warten lässt.

Das Planziel oft zu hochgesteckt,
auch, wenn man sich nach oben reckt.

Zudem Bedarf besteht dort nicht,
und anderswo braucht man mehr Licht.

So plant man fleißig auf Papier,
und Pläne dienen dann zur Zier.

Ständig unter Strom ist sie,
und zur Ruhe kommt sie nie.

Der Ölpreis geht mal steil hinauf,
und Staatsausgaben packt man drauf.

Mal sinkt der Zins, dann wieder nicht,
und Steuersenkung nicht in Sicht.

Mal Inflation macht einen Strich,
und der Konsum bewegt sich nicht.

Dann steigen Löhne moderat,
Konsum kommt etwas mehr in Fahrt.

Ganz kluge Köpfe, die erfinden,
für Fortschritt täglich sie sich schinden.

Gegründet wird ein Unternehmen,
doch auch Konkurse bald sie lähmen.

So manch Impuls ist nicht gesund,
da kommt die Wirtschaft auf den Hund.

Und manch Impuls nicht schadet dann,
wenn Mensch sich bald was leisten kann.

Viel Geld zu machen, immer mehr,
solch ein Interesse zählt gar sehr.

Erhöhen auch die Dividende,
das Aktie Käufer wieder fände.

Ressourcen gilt es zu erschließen,
und die Erfolge zu begießen.

Egal, ob Urwald platt gemacht,
und Konsumenten ausgelacht.

Egal, ob Müll nur produziert,
der weiße Strände jetzt verziert.

Egal, ob Menschen arm gemacht,
und Konkurrenz ,sie wurd entfacht.

Egal, ob sie nur hohl und leer,
den Sinn erkennen fällt recht schwer.

Die Wirtschaft, sie kennt kein Gewissen,
auf Menschen Zukunft wird geschissen.

Gebaut wird überall im Land,
dort, wo die letzte Eiche stand.

Zugepflastert, grau und trist,
Grünes wird nicht mal vermisst.

Heiß wird es bald immer mehr,
atmen fällt gar manchem schwer.

Doch nichts ficht die Wirtschaft an,
die doch nichts für Bauherrn kann.

Denn sie liefert zwar den Mist,
der uns die Natur wegfrisst,
doch zuständig ist sie nicht,
wenn ausgemacht wird bald das Licht.

Wenn nichts mehr wächst in diesem Land,
und bald ist weg der ganze Sand.

Wenn nur noch das Grau erblüht,
Gras sich durch den Asphalt müht.

Wenn der Mensch sitzt im Beton,
und nicht hört den letzten Gong.

Gar mächtig ist die Wirtschaft hier,
die facht gern an so manche Gier.

Sie droht damit zu gehen fort,
hinweg an einen andren Ort.

Dort, wo sie billig produziert,
und die Prozesse nicht verliert.

Dort, wo man laxer ist im Recht,
und zu ihr ist auch mehr gerecht.

Dort, wo Natur ist nicht so wichtig,
und was sie tut dort immer richtig.

So hat die Wirtschaft große Macht,
am Ende sie daher stets lacht.

Der Wald ist längst kein Urwald mehr,
ihn zu erkennen fällt recht schwer.

Plantagen sieht man hier und dort,
der Mischwald, der ist oftmals fort.

Maschinen haben leichtes Spiel,
denn ihn zu ernten ist ihr Ziel.

So, wie der Spargel auf dem Feld,
sind hier die Bäume aufgestellt.

Ein Wald ist das schon lang nicht mehr,
drum Borkenkäfer hat's nicht schwer.

Das Holz daher ist nichts mehr wert,
der Forstwirt lauthals sich beschwert.

Dazu auch noch kein Regen fällt,
und sich die Hitz dazu gesellt.

Doch lässt man Wald einfach in Ruh,
er könnt sich heilen selbst im Nu.

Und, wenn man ihn mal wachsen lässt,
für ihn das wär ein wahres Fest.

Wie wirtschaftlich ist das denn jetzt?
Das hört man mancherorts entsetzt.

Welch Nutzen hat denn diese Sache,
damit sich lächerlich man mache?

Wird produktiv der Mensch jetzt mehr?
Das zu glauben, fällt recht schwer.

Was wird an Geld da jetzt vergraben,
nur, weil man will das auch noch haben?

Wo kommen wir denn dabei hin?
Ergibt denn sowas einen Sinn?

Das fragt nur der, der es nicht braucht,
und seine Macht dazu missbraucht.

Die Kunst ist es zu wissen, wann
der Nutzen überwiegen kann.

Die Kosten sind dann nicht so wichtig,
wenn ist der Nutzen dafür richtig.

Grüne Kreuze in den Feldern,
saurer Regen über Wäldern.

Auf den Wiesen Güllemassen,
die Nitratwert steigen lassen.

In den Ställen Tier an Tier,
zu befriedigen die Gier.

Billig muss es sein und viel,
Masse, die muss sein das Ziel.

Maisplantagen ohne Wert,
die den Boden aufgezehrt.

Kein Insekt mehr weit und breit,
überall unendlich Leid.

Tot gespritzt, was unnütz scheint,
und kein Mensch darüber weint.

Doch der Mensch hat's in der Hand,
zu bewahren unser Land.

Lebensmittels Wert zu schätzen,
nicht nach Angebot nur hetzen.

Weniger ist manchmal mehr,
auch wenn's fällt mitunter schwer.

Landwirt dann kein Bettler mehr,
zur Natur kann sein dann fair.

Grünes Kreuz am Wegesrand,
dort, wo einst ein Bäumlein stand.

Dort, wo Bienenheere flogen,
dort, wo Lerchen drüber zogen.

Dort, wo Vielfalt wuchs heran,
jetzt man nichts mehr finden kann.

Konsumenten

Er ist ein Mensch, der will noch mehr,
Verzicht zu üben fällt ihm schwer.

Das Neuste auf dem Markt muss her,
denn schließlich ist er ja auch wer.

Egal, ob er's zum Leben braucht.
Egal, was dafür wird verbraucht.

Egal, ob Menschen drunter leiden.
Egal, ob Müll man kann vermeiden.

Egal, ob die Natur zerstört,
der Konsument sich nicht dran stört.

Kriminell kann Wirtschaft handeln,
und auf falschen Fährten wandeln.

Das Geld wird schwarz mal angelegt,
und ein Computer ausgespäht.

An manch Versicherung vorbei,
das macht Produkte steuerfrei.

Mit Daten wird da wild gehandelt,
und mit Verbrechern angebandelt.

Auch Subvention wird da erschlichen,
und damit Schulden ausgeglichen.

Gemeinsam wird da was beschlossen,
und Wettbewerb wird ausgeschlossen.

Solch Wirtschaft schadet allen nur,
wenn sie fährt ne miese Tour.

Die Welt ein großes Warenlager,
an manchen Orten jedoch mager.

Drum sucht die Wirtschaft Orte auf,
und bringt manch Dinge hin zum Kauf.

Sie braucht zur Produktion viel Kohle,
damit sie dient uns auch zum Wohle.

Dabei bleibt mancher auf der Strecke,
damit Bedürfnis in mir wecke.

Weil ich ein neues Handy will,
gibt s irgendwo ein Overkill.

Weil ich es billig möchte haben,
auf andrer Seite Menschen darben.

Die Wirtschaft aber macht nur das,
weil ich nicht ab vom Kaufen lass.

Weil ich will haben immer mehr,
die Weltwirtschaft, die hat's drum schwer.

Wirtschaftsgut

Wirtschaftsgüter zeigen an,
welch Sprünge ich noch machen kann.

Was steht so alles noch herum?
Was Investiert und abzuschreiben?
Wo Forderung noch einzutreiben?

Und die Bilanz zeigt es zum Schluss,
kein Wirtschaftsgut - das ist Verdruss.

Wirtschaftsweg

Auf ihm da fährt der Landwirt schnell,
solange noch der Tag ist hell.

Er will bestellen jetzt sein Feld,
das er gepachtet mit viel Geld.

Drum Wirtschaftsweg so wichtig ist,
die Ernte, die wird sonst vermisst.

Besuchen Sie auch meine Website

www.heike-boeke.de

Gedichte Mensch

ISBN: 978-3-7460-3383-9
Gedichte über und für Menschen

Gedichte Brücken

ISBN: 978-3-7528-1109-4
Gedichte Brücken und Wasserspiele

Gedichte Licht und Schatten

ISBN: 978-3-7481-7515-5

Gedichte Leben

Liebe das Leben
ISBN: 978-3-7494-6798-3

Elisabeth

Ein eisiger Wind blies durch die Straßen des kleinen Dorfes im Schwarzwald. Niemand begab sich bei diesem Wetter vor die Tür. Die Dorfstraße war daher wie leergefegt. Doch Elisabeth blieb nichts anderes übrig. Sie war bisher beim Gutsherrn Frieder als Dienstmagd tätig gewesen. Doch Frieders Sohn hatte ihr nachgestellt, und nun trug sie unter ihrem Herzen ein Kind von ihm. Der Vater war nicht gewillt dieses Kind als seinen Enkel anzuerkennen. Er hatte mit Wolfgang, seinem Sohn, etwas anderes vor. Etwas weiter entfernt lebten die reichen Fallers, und deren Tochter sollte seinen Sohn ehelichen. Dadurch würden die Ländereien verdoppelt werden, Frieders Vermögen würde so weiter anwachsen, denn die Ländereien, die er dann verpachten konnte verdoppelten sich durch die Einheirat. Und diesem Ziel war er schon recht nahe, denn Mathilde hatte sich in seinen Wolfgang tatsächlich verguckt. Sich seinen Plan durch eine dahergelaufene Schlampe streitig machen zu lassen kam überhaupt nicht in Frage. Und so wurde Elisabeth kurzerhand vor die Tür gesetzt. ....

Hubertus verließ auf Zehenspitzen die Kammer. Elisabeth war ihm ans Herz gewachsen, und irgendwie wollte er nicht, dass sie ging. Andererseits verstand er, dass sie fort musste. Hier erinnerte sie alles an das Kind, und um nicht doch noch zu Winters zu fahren und es zu holen, musste sie einfach fortziehen.

Hubertus war es leid immer das Gleiche tagaus, tagein zu verrichten, mit ständig betrunkenen Knechten und Bauern zu streiten, dem Geld hinterherzulaufen und bis spät in die Nacht in der Schankstube zu stehen. Er hatte sich auch ein schöneres Leben vorgestellt. Wie gerne würde er hier alle Zelte abbrechen und mit Elisabeth fortziehen. Doch was, wenn sie ihn nicht wollte? Er hatte zwar Geld und sah gut aus, aber er war um einiges älter als sie, und vielleicht hatte sie ja von Männern ohnehin die Nase voll. Tagtäglich hatte sie mit Trunkenbolden und Halunken in der Schankstube zu tun, die noch nicht einmal Halt davor machten einer Schwangeren unter den Rock zu greifen.......

Im Dorf der Cherokee am Chattahoochee River war Unruhe ausgebrochen. Zivilbeamte des Kriegsministeriums ritten ins Dorf. Onacona und sein Freund Tayanita waren ganz aufgeregt. Es bedeutete nichts Gutes, wenn Weiße das Dorf aufsuchten. Die Frauen kamen aus den Mais- und Baumwollfeldern gerannt, um zu sehen, was da vor sich ging. Ein Mister Thale begab sich zum Versammlungshaus und rief die Menschen zusammen.

" Wir sind gekommen, um eine Zählung im Dorf vorzunehmen." "Warum?" fragte Atohi, der Großvater Onaconas. "Weil wir wissen wollen, wie viel Cherokee im Land leben, denn es ist beabsichtigt das Land neu aufzuteilen." Wütendes Gemurmel erhob sich. Atohi antwortete: "Die Weißen haben uns schon Land weggenommen. Wir benötigen das verbliebene Land, um uns zu ernähren. Wir werden uns nicht bereit erklären noch mehr abzugeben.....